Silvia Ostertag

Stille finden – und daraus leben

Silvia Ostertag

Stille finden – und daraus leben

Impulse für den Alltag

Butzon & Bercker

Bibliografische Information der Deutschen Nationalbibliothek
Die Deutsche Nationalbibliothek verzeichnet diese Publikation in der Deutschen Nationalbibliografie; detaillierte bibliografische Daten sind im Internet über http://dnb.d-nb.de abrufbar.

verlags gruppe engagement

Das Gesamtprogramm von Butzon & Bercker finden Sie im Internet unter www.bube.de

MIX
Papier | Fördert gute Waldnutzung
FSC® C014889
FSC www.fsc.org

ISBN: 978-3-7666-3727-7

Umschlagabbildung: © spass/stock.adobe.com
Umschlaggestaltung: Tanja Manden, Kevelaer
Satz: SATZstudio Josef Pieper, Bedburg-Hau

Inhalt

An der Schwelle zum Tag

Mittendrin

Mittendrin – Schritte

Mittendrin – Innehalten

Mittendrin – Tun

Mittendrin – Wieder Innehalten

An der Schwelle zur Nacht

Dank

Was in diesem Buch zusammengestellt ist an Übungsimpulsen und Begleitworten, das ist alles entstanden aus den Situationen mit Menschen, die mit mir die Stille geübt haben als eine Praxis der Meditation und von da aus als eine Dauerübung im Alltag. So habe ich ihnen zu danken für die Inspiration, die sie meinem eigenen Üben gegeben haben, und für ihr Ohr, das mich zum Aussprechen einiger Gedanken geführt hat.

Darüber hinaus bin ich täglich dankbar meinen Lehrern, allen voran Karlfried Graf Dürckheim, Willigis Jäger Kyo-un Ken und auch Masamichi Yamada Ryo-un Ken, dafür, dass sie meine Lehrer waren.

Meinem Mann danke ich für die kritische Durchsicht des Geschriebenen und für seine Hilfe bei der Textauswahl. Auch Helga Gramlich danke ich für wertvolle Hinweise aus der Sicht des Lesers.

Einleitung

Stille finden und daraus leben

Wer will das: Stille finden? Und daraus leben? Wer die Stille liebt. Um die Liebe zur Stille zu vertiefen und zu erweitern, dafür sind diese Texte geschrieben. Stille finden macht glücklich – in einer Weise, die nichts zu tun hat mit dem vorübergehenden Wohlbehagen, das man empfindet, wenn Bedürfnisse gestillt werden und Wünsche in Erfüllung gehen. In dem Glück, das mit Stille zusammenhängt, weiß man dieses weder zu erklären noch zu begründen. Man könnte es nicht einmal als Gefühl bezeichnen. Es ist eine so selbstverständliche Gestimmtheit, als könne es nichts anderes geben.

Aber auch wer noch nie Stille in solcher Wirkung erlebt hat, wird, wohl aus einem tiefen Anliegen heraus, ahnen, wovon die Rede ist. Denn sobald wir, in welcher Weise auch immer, leiden am heutigen Lärm, an äußerem Gedröhn oder an der lauten Unruhe innen, suchen wir nach der Stille. Stille erscheint dann – in großer Ferne – als ein begehrenswertes Gegenteil vom quälenden Jetzt. Nur wenn man sie erfährt, die Stille, ist sie überraschend vertraut, und sie schließt dann – vielleicht nur für einen Augenblick – alle Geräusche ein und durchdringt inneren Tumult. Wenn man sie erfährt, dann ist das stille Jetzt auf einmal so breit, als gehöre ihm alle Zeit.

Die Stille also, von der in diesem Buch die Rede ist, versteht sich als eine Wurzel und gleichzeitig als ein Umfassendes. Sie versteht sich als Urvertrautes in uns selbst. Sie versteht sich als das, was vom Menschen gehört werden will, als das, was den Menschen nach ihr suchen lässt. Als wisse er um sie schon immer, als komme er aus ihr, als wolle er sie wiederfinden, als wolle er sich selbst in ihr wiederfinden.

Wir meinen uns also verloren, wir empfinden uns von uns getrennt. Wir haben von dem Moment an, da wir das Unterscheiden lernten und somit uns mit dieser höchsten Gabe zu individualisieren wagten, unser Einssein mit dem Einen Sein vergessen, unseren Seelengrund. Um uns zu retten, kämpfen wir gegen einen vermeintlichen Feind, bis wir am Rand des Abgrunds gegenseitiger Vernichtung aufwachen zur Frage nach dem eigentlichen Sinn solcher Entwicklung. Von da aus sucht und findet man den einen oder anderen Weg, um sich über die Stufe der unterscheidenden, dualistischen Sicht hinauszubewegen mit dem Ziel, sich auf bewusster Stufe wiederzufinden in dem Einssein mit dem Einen Sein.

Dort wird man erkennen, dass man dieses nie verlassen hat und dass das Drama des Getrenntseins nichts anderes ist als die gesegnete Täuschung, dank der wir zum Erkennen des Einen Seins gelangen können. Wenn solches Erfahren uns ergreift oder auch nur streift, fühlen wir uns zutiefst heil, mitten in allem Zwiespalt, der mit unserer Entwicklung in das objektivierende Bewusstsein einhergegangen ist. Die seltsame Sehnsucht, welche die Menschheit bei jedem Entwicklungsschritt in weitere Differenzierung des Erkennens begleitet hat als eine Art von Gegenbewegung, diese Sehnsucht ist gestillt, ohne dass man zurückgeschritten wäre.

Der Spur der Stille zu folgen ist ein möglicher Weg zu solcher Erfahrung hin. Wenn Stille erfahren wird, so ist es, als nehme sie einen ganz in sich auf. Und als nehme sie alles um einen herum gleichsam mit in sich auf. Wenn man sich auf sie einlässt, ganz, so ist es, als schöpfe man sich selbst aus ihr heraus. So ist es, als schöpften sich alle Wesen und Dinge jeden Augenblick neu aus ihr heraus.

Und im Nachklang solchen Erfahrens, das, so ur-natürlich es sich anfühlt, doch auf einmal vorübergeht, im Nachklang ist es, als wirke die Stille in jeden Gedanken hinein, durch jedes Gefühl hindurch, als veranlasse die Stille jeden Schritt und bewirke die Handlung.

Auch der Nachklang ist irgendwann wieder fast oder ganz vergessen. Was bleibt, ist, dass man die Diskrepanz anfühlt zwischen der Weise, wie man sich mit Wirklichkeit verbunden wusste, und der Art, wie man jetzt der Realität wieder gegenübersteht.

Aus solchem Reibungsschmerz entsteht, so man sich nicht an der schönen Erinnerung und an schmerzlichem Bedauern festhält, der Impuls, die Suche nach der Stille in die Hand zu nehmen. Nicht dass man meint, man könne das Glück wiederherstellen, aber indem man fühlt, dass man sein Üben dazu beitragen kann.

Die Übung der Stille

Dient die Übung der Stille also einfach dem persönlichen Glück? Die einen würden sagen: Wie wunderbar, was soll es Besseres geben, als für sich selber Glück zu genießen? Wo es mit der Welt doch rundherum so schlimm bestellt ist. Die anderen könnten erwidern: wie egoistisch und oberflächlich! Haben wir Menschen denn keinen höheren Auftrag auf Erden? Wer aber die Stille übt, erlebt mehr und mehr, dass sich im dankbar genossenen Atemzug Lebensauftrag vollzieht. Dass im puren Daseinserleben ein Bewusstsein antwortet auf das Daseinsgeschenk. Solches Bewusstsein hat nichts zu tun mit rationaler Einsicht. Und doch ist es Bewusstsein; es hat also auch nichts zu tun mit schwelgerischem Sinnesrausch, und noch weniger ist es vergleichbar mit einer Regression in vorgeburtlich verschwommene Harmonie.

Was sich im puren Daseinserleben vollzieht, entzieht sich dem Wort. Wenn in solchem Wissen Worte sich dennoch dem Nichtsagbaren nähern, dann könnten sie sagen: SEIN erkennt sich selbst in der Daseinswahrnehmung dessen, der gerade über sein unterscheidendes Bewusstsein hinausgeht, in dem er der Stille in sich selbst Statt gibt.

Von solcher Statt aus, von dem Ort aus, an dem die Stille Einzug hält, geht eine Wirkung aus, über den Übenden hinaus, ohne dass er sich missionarisch darum bemüht. Hingegen mag ihm deutlich werden, dass ihn in seinem Verlangen nach Stille, das sich zunächst so ichbezogen zeigt, von Anbeginn ein tieferes Anliegen gerufen hat und dass sein Weg auch nicht endet im eigenen Glücksgefühl und der damit verbundenen Kreativität.

Im Gegensatz zu ichbezogener Befriedigung, die sich um andere nicht schert, geht Seinsglück von selbst einher mit einer wachsenden Sensibilität für das Leiden derer, die ihrer Ahnung nach diesem nicht zu folgen wissen, oder denen es gelingt, das Bedürfnis nach Stille zuzudecken durch Ersatzbefriedigungen aller Art, um an deren Folgen wiederum um so mehr leiden zu müssen. Von der Erfahrung der Stille kommend, findet sich das Kriterium für alltägliches Handeln mehr und mehr aus solchem Mitfühlen und Mitsein.

Wenn mit der Zeit eine Offenheit für die Stille bleibt bei was auch immer wir tun, so wachsen damit ein Sinnempfinden und eine Achtung für jeden Augenblick. Das Wie des Tuns mag sich daraus allmählich wandeln, zum Gewinn für uns selbst und zum Wohl der anderen.

Stille finden – wie?

Natürlich, indem man schweigt. Obwohl das so selbstverständlich klingt, um nicht zu sagen trivial, kommt kaum einer drauf. Äußerlich schon: Wer der Stille nachgeht, sucht einen schweigenden Platz, im Wald oder in den Bergen. Und oft geschieht es, dass der Wald oder der Berg seine Stille so mitteilt, dass man davon umhüllt und betroffen wird. Nur wenn man daraus leben möchte, ist es gut, den schweigenden Platz in sich selbst zu schaffen, das heißt, sich selber schweigen zu lassen. Aber das ist es, worauf man doch schwer kommt. Lieber sucht man, auch in der Meditation, anstrengende innere Aktivität, als dass man sich einmal wirklich schweigen lässt. Als ob das nicht genügen könne, um zum Grund zu kommen.

Oder als ob man letztlich doch nicht den Preis zahlen möchte, das kontrollierende Bewusstsein, mit dem man sich ständig vergewissert, dass man noch genau so ist, wie man sich kennt, einmal aufzugeben. Man fürchtet Tod, genau dort, wo man neues, eigentliches Leben ahnt.

Allerdings, man mag auch ahnen und fürchten, dass sich im Zurückziehen aktiver Geisteskraft, im wahren Hinuntersteigen Zwischenschichten zeigen könnten, die man bisher lieber unbeachtet ließ. Mit anderen Worten: Man ahnt, dass man, je wacher man wird für das Wesen, das man im Grunde ist, umso wacher werden wird für das Unwesen, das man auch noch ist.

Wenn das Sitzen in der Stille zum Übungsweg wird, so geht es just darum, diese Schattenseiten mit zu betrachten. Die Zeiten sind vorbei, in denen man meinte, alle in der Meditation aufkommenden Bilder und Regungen gleichermaßen als täuschende Bagatelle abtun und übergehen zu können.

Wie sanft oder dramatisch die Auseinandersetzung mit verdrängten Schmerzen und Impulsen wird, ist nicht vorauszusagen und hängt natürlich ab von der Bewusstseinsarbeit, die auf andere Weise schon getan worden ist. Gegebenenfalls wird man, angeregt durch das Erleben in der Stille, zusätzlich andere heilende Möglichkeiten suchen.

Elemente des Sitzens in der Stille: Das Sitzen in der Stille besteht darin, dass man unbewegt in einer möglichst gelösten und gleichzeitig wachen Haltung eine Zeit verweilt (siehe hierzu im Kapitel „Hinweis zur Praxis" den Text zur Haltung; S. 139 f). Und dass man die Sinne sammelt auf eine einzige Sache. Von den verschiedenen Möglichkeiten sind in diesem Buch nur zwei Ansatzpunkte berücksichtigt: die Sammlung auf den Atem (siehe hierzu im Kapitel „Hinweis zur Praxis" den Text „Atemstrombild"; S. 140 ff) und die Sammlung auf das Wahrnehmen der Stille selbst.

Aus Stille leben – wie?

Ich weiß es nicht. Es gibt kein Rezept, wie aus der Stille zu leben sei. Vor strengen Vorsätzen sollte man sich hüten. Aber erprobte Impulse zum Üben und Zeugnis von Erlebtem können die Sensibilität des Lesers wecken und sein Vertrauen in den eigenen Übungsweg fördern. Alles weitere „Wie" findet sich in den Buchtexten von „Mittendrin" (S. 74 ff).

Die Texte dieses Buches sind fast ausnahmslos aus dem Kontakt mit übenden Menschen entstanden. Sie sind also spontan in Situationen hineingesprochen und im Nachhinein zu Papier gebracht worden. Natürlich hat sich manche Umformulierung ergeben im Hinblick auf eine Leserschaft. So ist auch, wie in meinem Buch *Lebendige Stille,* die direkte Ansprache wieder möglichst vermieden worden, um dem Leser im Aufnehmen des Textes allen inneren Freiraum zu gewähren.

An der Schwelle zum Tag

Zum ersten Mal

Da setzt sich jemand in die Stille
zum ersten Mal, oder – wie zum ersten Mal:

Man lässt sich Zeit, den Platz zu richten,
so wie es für einen sein soll.
Man zündet vielleicht eine Kerze an,
aber das muss nicht sein.

Man stellt sich an den gerichteten Platz
und verneigt sich. Wozu?
Man tut es, bis die Verneigung Antwort weiß.

Man legt in aller Ruhe
Beine und Hände zurecht,
und sieht innerlich,
die Augen nahezu geschlossen,
sieht innerlich die Haltung,
in der man sitzt,
ob diese sich noch ordnen will.
Und füllt die Haltung mit sich selbst.

Und schaut den Atem, wie er geht und kommt,
und lässt das Schauen mitgehen mit Atem,
wie er kommt und geht.

Und lässt den Atem horchen auf die Stille,
wie sie irgendwann da ist zum ersten Mal.

Wie sie da ist, die Stille, schon immer.
Wie sie immer ist, die Stille,
als sei's das erste Mal.

Anfänger

Manche Menschen möchten
um keinen Preis
Anfänger sein,
worin auch immer.

Das ist schade.
Denn ein Anfänger ist
wie ein Kind.

Voll Vertrauen
und ohne Arg
fängt es an
und schaut,
was wird.

Wie ein Berg

Wie findet man in diesem Sitzen in der Stille
zu einer guten Haltung, äußerlich und innerlich?
Am besten ist, man sitzt da wie ein Berg.

Unten ist er breit, der Berg.
Sein ganzes Gewicht gibt er der Erde.
Man muss sich nicht breiter machen, als man ist,
es genügt, anzufühlen,
wie man mit seiner ganzen Breite
und seinem ganzen Gewicht
in den Boden hinein erdet.

Nach oben verjüngt er sich, der Berg.
Aus der Breite unten
wächst ihm die Kraft hinaufzuragen,
hoch und steil.
Man muss sich nicht über sein Maß anspannen,
es genügt, den Rücken aufzurichten
aus Erdverbundenheit,
bis man vom Scheitel aus
hinaufspüren mag
zum Raum über dem Kopf,
in Richtung Himmelsraum.

Am besten ist, man sitzt da wie ein Berg,
der mit seiner Breite und Höhe
in die Weite schaut.
Man muss dazu nicht die Augen aufsperren,
man kann mit der ganzen Haltung
schauen wie ein Berg.

Bis zum Horizont mag er schauen;
geschehen lassend,
was um ihn herum geschieht,

geschehen lassend,
was sich an ihm selbst vollzieht.

Wie ein Berg,
der sich vom Horizont her
in sich selbst hinein gesammelt hat,
sodass sich alles, was er schaut und hört,
empfindet, fühlt und lebt,
in ihm zusammenfindet,
Augenblick für Augenblick.

Wie ein Berg,
in dem sich alle Erfahrung,
die von gerade eben
und die von vor Jahrzehnten
und Jahrtausenden, verbindet,
in dem sich Freudiges wie Leidiges,
langsam kristallisiert, von selbst.

Wie ein Berg,
der vollkommen still
in sich selber ruht,
in seiner Verbundenheit
mit Erde und Himmel,
mit Natur und Geschöpfen,
mit allem, was ist.

Am besten ist,
man sitzt da
wie ein Berg,
der einfach da ist.

Stille

Die Stille ist immer da,
von zuinnerst
bis zum Horizont,
vom Horizont bis zuinnerst.

Sie wahrzunehmen
ist eine Frage des Übens.
Wenn man sie wahrnimmt,
ist es wie ein Wunder.

Wie ein Wunder ist,
dass man dann selbst
nichts anderes ist
als diese Stille,
von zuinnerst
bis zum Horizont.

Nichts anderes
als diese Stille,
so wie man gerade da sitzt,
gerade so.

Sich ankommen lassen

Sich Zeit lassen zum Ankommen,
zum Ankommen in diesem Raum,
an diesem Platz der Stille.

Sich Zeit lassen zum Ankommen
im Wahrnehmen des Bodens.
Vielleicht löst sich Spannung hier oder dort
zum stillen Boden hin.

Sich Zeit lassen auch, um anzukommen
im Ahnen der Beziehung zum Raum um sich herum
bis hinauf zu der Weite über dem Kopf,
bis hinauf zu der stillen Weite da.

Zuschauen, wie Atem fließt
zum Boden hin,
wie Atem aufsteigt, aus Stille her.

Zuschauen, wie Atem atmet
zur Weite hin,
wie Weite atmet zu einem her.

Und was darüber hinaus auftaucht,
Willkommenes oder nicht,
man sieht es auftauchen und lässt es sinken,
man nimmt es wahr und kümmert sich nicht.

Man schaut immer wieder und immer neu,
wie es zur Stille hin atmet, aus,
und von der Stille her atmet, ein.
Wie Stille atmet, aus und ein.

Eintagsfliege

Da sitzt man und lässt sich Zeit,
Zeit, da zu sein,
wach in der Stille da zu sein,
ohne auf irgendetwas zu achten
außer auf die Stille.

Und es geht auch ganz gut;
aber irgendwann,
vielleicht weil es ganz gut geht,
irgendwann lässt irgendetwas nach.
Man döst auf einmal nur noch so dahin.

Man hat, da es ja ganz gut ging,
vergessen, worum es einem geht,
wie das so ist im Leben,
und wenn man das bemerkt,
geht es gar nicht mehr gut.

Vielleicht braucht es dann nur,
sich als Eintagsfliege zu denken,
um diesen Tag zu nehmen,
als bedeute er das ganze Leben.

Und um sich diesem Augenblick
wieder in aller Wachheit hinzugeben,
um diese Stille ganz zu nehmen
und sie ganz mit sich zu füllen.

Mitte und Weite

Wie kann man sich am besten
in seiner Mitte halten?

Man kann seine eigene Stille
bis zum Horizont ausspannen
und sich von dieser Weite
in seiner Mitte halten lassen.

Ausatmen kann man dann
in alle Richtungen bis zur Weite,
einatmen kann man dann
aus allen Richtungen bis zur Mitte.

Mit der Zeit kann man schauen,
wie die Weite selber atmet.

Mit der Zeit kann man sehen,
wie die Weite selber schaut.

Man muss also nur
seine Stille oder Un-Stille
ausspannen bis zum Horizont,
und sich von ihm
in die Mitte setzen lassen.
In die Mitte von allem.
In die Mitte von Jetzt.

In Ordnung

Stille wird nur wahrnehmbar,
wenn wir dafür bereit sind,
das heißt,
wenn wir nicht damit beschäftigt sind,
an uns und unserer Situation
herumzukritisieren.

Das weiß natürlich jeder.
Aber etwas anderes ist,
es wahrzumachen im Anfühlen,
dass wir jetzt,
so wie wir da sitzen,
in Ordnung sind.

Im Anfühlen,
dass alles,
was jetzt zu unserer Situation gehört,
dass dies alles
zu unserer Ordnung gehört.

Stille wird nur wahrnehmbar,
wenn wir bereit sind,
eine Dimension von Ordnung anzufühlen,
die unser Verstand nicht fasst.

Stille ist,
wenn in großer Ordnung ist,
was immer ist.

Erwarten

Man soll nichts erwarten
in diesem Sitzen in der Stille.
Aber natürlich hoffen wir
auf ein tieferes Erkennen von demjenigen,
der wir wirklich sind.

Auf ein immer tieferes
und weiteres Erfahren von Stille
und damit von Einssein.
Auf ein immer neues
Heil- und Ganzwerden
aus solchem Einssein heraus.

Man soll nicht nichts erwarten.
Man soll nur nicht die Stille stören
mit dem Wollen von dem,
was man zutiefst erwartet.

In Erwartung

In der Stille sitzen
ist wie in Erwartung sein,
bis das stille Erwarten
zusammenschmilzt
mit der erwarteten Stille.

Bis in diesem Einatem
Stille geboren wird
aus Stille.

Bis in diesem Ausatem
Stille vergeht
in Stille.

Bereitschaft

Diese Bereitschaft,
leer zu werden,

diese Bereitschaft,
kommen zu lassen,

diese Bereitschaft,
von vorne zu beginnen,

diese Bereitschaft –
das ist Üben.

Zuschauer

Wie kommt es, dass,
obwohl man doch die Stille sucht,
auf einmal unnütze Gedankenfetzen
diese übertönen?

Am besten ist,
diese Frage interessiert
einen nicht.

Am besten ist,
wenn es so geschieht,
man setzt sich innerlich
wie hinter sich
und nimmt, aus stiller Distanz,
das Phänomen der Gedanken wahr.

Manchmal ist es,
als zögen sie uns
in tausend Richtungen,
kreuz und quer, hinaus.

Manchmal ist es,
als zögen sie uns hinunter tief,
tief und schwer.

Manchmal ist es,
als zögen sie uns in uns zusammen,
dunkel, eng.

Manchmal ist es auch,
als zögen die Gedanken uns hinauf und fort,
nur fort und fort.

Aber man bleibt
an dem Ort hinter sich

und sieht,
wie ein Zuschauer im Theater,
was da auf der Gedankenbühne
spielt und zieht.

Den Zuschauer zieht es,
so wach er schaut,
in keine Richtung mit.

An seinem Platz ist es still.
Und irgendwann
wundert er sich,
wohin die Gedankenspieler
gezogen sind.

Ich weiß nicht

Sich ankommen lassen
an diesem Platz,
an dem man jetzt sitzt.
Sich ankommen lassen jetzt.

Jetzt – das sind meine Füße,
die da den Boden berühren.
Jetzt – das sind meine Hände,
die da ineinander liegen.
Jetzt – das sind meine Ohren,
die da horchen auf die Stille.

Jetzt – dieses Atmen.
Jetzt – die Stille.
Jetzt – ich weiß nicht.

Vollkommen

Immer wieder
sich ankommen lassen in diesem Raum,
an diesem Platz,
in diesem Leib, in diesem Atmen.

Sich ankommen lassen in dieser Stille,
in dieser vollkommenen Stille.

Was? Ihr meint, die Stille sei noch nicht vollkommen?
Da eine Spannung, dort ein unruhiges Gefühl,
da ein Gedanke und noch hundert dazu?

Was? Ihr meint, die Stille sei noch nicht
vollkommen,
solange dies und jenes nicht so ist,
wie man sich Stille denkt?
Stille ist nicht, wie man sie sich denkt.
Stille ist, wenn alles sein darf,
gerade so, wie es jetzt ist.
Samt dieser Spannung,
samt dem unruhigen Gefühl,
samt diesem Gedanken und hundert dazu.

Wenn wir alles sein lassen,
vollkommen sein lassen,
so wie es ist,
dann ist vollkommene Stille
von selbst.

Ihr glaubt es nicht?
Glaubt es nicht!
Lasst euch sein!
Nur gerade jetzt.

Atemdruck

Manche Menschen
haben sich so daran gewöhnt,
Druck auf sich auszuüben,
dass sie damit
auch im Sitzen in der Stille
nicht aufhören können.

Sie drücken
und pressen ihren Atem,
als ob sie
ohne diesen Atemdruck
nicht leben könnten.

Sie sollten dennoch
einmal ausprobieren,
wie es ist,
den Atemdruck zu lassen.

Wahrscheinlich werden sie
aufatmen
und leben können.

Müssen und Nicht-Können

Manchen Menschen kommt es
mitten in der Stille
in den Sinn
zu meinen,
sie müssten.
Irgendetwas tun oder sein oder lassen
müssten sie;
sie müssten irgendetwas.

Und gleich darauf meinen sie,
noch bevor sie ahnen,
worum es gehen könnte,
gleich darauf meinen sie,
sie können nicht;
Sie sind überfordert.

Wahrscheinlich waren sie
einst überfordert über alle Maßen,
und haben aus solchem Erleben
eine feste Meinung
von sich selbst gebaut.

Im Sitzen in der Stille,
wenn altes Müssen und Nicht-Können
wieder einmal der Stille wehrt,
dann kann man altes Müssen und Nicht-Können
als etwas Altes achten,
um, es verlassend, neu zu sehen:
jetzt gerade muss ich nicht,
jetzt gerade kann ich
atmen,
leben,
sein.

Schwierig

Wenn die Übung schwierig wird,
warum auch immer,
so neigt man meist dazu,
ganz animalisch
gegen das Schwierige
anzukämpfen
oder der Übung innerlich
zu entfliehen.

Die Übung ist aber
nicht weniger wirksam,
wenn sie sich schwierig zeigt.

Man könnte sich erinnern,
vertrauend erinnern,

dass schwierige Momente
oder Phasen
zur Übung dazu gehören.
Auch zu der eigenen,
zu der eigenen gerade jetzt.

Nicht rechnen

Wenn Schmerzen
sich verdichten,
so ist man geneigt,
sich auszurechnen,
wie diese Qual
bis zum Ende des Sitzens
sich noch steigern kann.

Und man fragt sich,
ob man das aushalten wird
und will.

Schmerzen
im Sitzen in der Stille
sind aber vollkommen unberechenbar.
So unvermutet,
wie sie auftreten,
so unerwartet
können sie verschwinden.

Darum sollte man
weder fürchten
noch hoffen,
sondern mit oder ohne Schmerzen
nur gerade jetzt
hier in der Stille sitzen.

Ratsch oder flutsch

Oft geschieht es,
und man muss nicht wissen warum,
dass zu Beginn des Sitzens in der Stille
die Gedanken noch hierhin und dorthin sausen,
zügellos.

Manche Anweisungen zum Sitzen in der Stille sagen,
man soll die Gedanken einfach abschneiden: ratsch!
Andere Anweisungen sagen,
man soll sie achtsam beobachten: so, so, so!
Andere wiederum sagen,
man soll sie einfach laufen lassen: flutsch!

Woran will man sich halten?
Ich weiß es nicht.
Einmal sage ich abschneiden: ratsch!
Einmal sage ich beobachten: so, so, so!
Einmal sage ich laufen lassen: flutsch!

Heute Morgen aber sage ich:
Lasst euch ankommen hier,
an diesem eurem Platz,
in Eurer Stille.

Lasst euch wahrnehmen,
wie ihr mit eurem Sitzen
den stillen Boden berührt,

und wie eure Haltung
Beziehung schafft
zu dem stillen Raum
über eurem Kopf,

und wie eure eigene Form
umgeben ist
von weitem stillem Raum.

Lasst euch wahrnehmen,
wie euer Atem strömt,
wie eure Stille fließt.

Lasst Gedanken hineinspielen,
wenn sie das wollen.
Schweigt sie an
in Freundlichkeit!

Leiden

Wer möchte nicht das Leiden überwinden?

Die Weisen, heißt es,
haben das Leiden überwunden,
das Leiden am Schmerz aller Art.

Und somit haben sie die Angst überwunden,
die Angst vor dem Leiden,
und die Abwehr haben sie überwunden,
die Abwehr gegen das Leiden.

Wie sind sie dahin gekommen?
Sie erkennen, heißt es,
dass alle Erscheinung und Wahrnehmung
von dem Einen Unbedingten Sein ist.

Wie sind sie dahin gekommen,
zu diesem Erkennen?
In ihrer Übung des Schweigens, heißt es,
kommen sie dahin, zu dem Erkennen.

Indem sie sich selbst schweigen lassen,
indem sie all ihr Wissen
und Begreifen und Wollen
schweigen lassen,
all ihr Wünschen
und Fürchten
schweigen lassen,

all das Vorstellen und Nachdenken
schweigen lassen.

Indem sie sich so schweigen lassen,
geben sie sich der Weisheit hin,
die sich im Schweigen kundtut,
unweigerlich,
unvermeidbar.

Und was tut sie kund,
diese Weisheit?
Sie sagt, auf welche Weise auch immer,
sie sagt:
Alle Erscheinung und Wahrnehmung ist
von dem Einen Unbedingten
und heilen Sein.

Auch das Unheile ist
von dem heilen Sein.

Alles ist, so wie es ist,
dieses heile Sein.

Du selber bist, so wie du bist,
von diesem Einen Sein.

Dein Einatmen, dein Ausatmen,
dein Jetzt ist
von dem einen heilen Immersein.

Alte Verstimmung

Wenn Stille in einem aufkommen will,
so bringt sie oftmals gar nicht nur
sich selbst herauf, die Stille,
sondern, so widersprüchlich es scheinen mag,

sie bringt manches Mal auch Stimmungen
und Unstimmungen auf,
die wir einst zugeschwiegen haben,
sodass sie sich verborgen halten konnten
über Monate und Jahre,
sodass sie geschwiegen haben,
als gehörten sie zu unserer Stille.

Die wahre Stille aber
bringt nun in ihrem Aufkommen
das Verborgene mit herauf,
und dann decken
die ungewollten Stimmungen ihrerseits
aufkommende Stille gleich wieder zu.

Was will man machen?
Man kann nichts machen.
Es genügt,
die Verstimmungen,
wiewohl längst vergessen gemeint,
zu sehen und zu achten,
es genügt,
darob sich selbst nicht zu verachten.

Je eher man zustimmt dem,
was war
und dem, wie man noch immer fühlt,
desto eher kehrt die Stille ein
und wandelt, was man empfindet,
und öffnet den Blick für das,
was daraus werden will.

Verarbeitung

Manchmal möchte man
im Sitzen in der Stille wohl gern
eine Art Verarbeitung finden
von dem,
was alles gestern mit einem war.

Und so geht man wahrscheinlich
und ganz automatisch
Gedanken nach,
die sich darauf beziehen.

Man vergisst darob,
dass im Selber-Stillsein
tiefste Verarbeitung geschieht
von selbst.

Man vergisst,
dass es genügt,
um des Gestern und des Morgen willen
in das Jetzt zu gehen.

Frieden

Im Sitzen in der Stille
soll man sich einfach
ganz ankommen lassen.
Sich ganz ankommen lassen
im Frieden
dieses Augenblicks.

Wie kann man das eigentlich,
sich in Frieden ankommen lassen,
angesichts so vieler Menschen,
die auf tragische Weise
am Unfrieden der Welt
zu leiden haben?
Angesichts so vieler Menschen,
die auf diese oder jene Art
in übergroßer Not
und in unsagbarem Leid
sich finden?

Ob es ihnen gut tun kann,
wenn andere
– ihrer gedenkend –
sich ankommen lassen
im Frieden dieses Augenblicks?

Wozu

Gerade, wenn die Übung
mühsam scheint
und man nicht so recht weiß,
wozu sie eigentlich
noch dienen kann,
gerade dann
könnte man sich erinnern
an eine tiefste Regung
in der Seele, an eine Regung,
die da am Ursprung allen Übens
sagt: Ich möchte wirklich,
dass mein An-Mir-Üben
dem Wohle
aller Lebewesen dient,
so wie ich dankbar
erfahren habe,
oder auch nur ahne,
dass das Üben
meiner Lehrer
und aller großen Weisen
meiner Entwicklung
diente und dient.

Wofür

Manche Menschen üben das Sitzen in der Stille,
um so weit zu kommen,
eines Tages keine Fehler mehr zu machen.
Ihr lacht?
Manche Menschen sind aber so.

Und manche Menschen üben das Sitzen in der Stille,
um eine täglich notwendige Pflicht zu erfüllen,
so wie Zähneputzen oder Zahlungen tätigen.
Ihr lacht?
Manche Menschen sind aber so.

Manche Menschen üben das Sitzen in der Stille,
um sich vor den Unbilden des Alltags zu schützen
oder sich gegen sie zu rüsten.
Ihr lacht?
Manche Menschen sind aber so.

Manche Menschen üben das Sitzen in der Stille,
um so gelassen zu werden wie ihre Meister.
Ihr lacht?
Manche Menschen sind aber so.

Manche Menschen üben das Sitzen in der Stille,
um eines Tages eine sehr große Erleuchtung zu erleben.
Ihr lacht?
Manche Menschen sind aber so.

Manche Menschen üben das Sitzen in der Stille,
und wissen nicht, warum sie das tun.
Sie sitzen einfach in der Stille.

Wohin

Wohin führt es eigentlich,
dieses Sitzen in der Stille?
Führt es uns zu uns selbst?
Führt es zum Anderen hin?
Wie möchte man es denn haben?

Absurde Frage.
Hat man nicht längst erfahren,
wie Stille uns hinschiebt
zu uns selbst,
zu diesem Selbst,
das sich nicht gleichsetzen lässt
mit den wechselnden Empfindungen,
Gedanken und Gefühlen,
für die wir uns halten,
während wir vor uns fliehen.

Erinnert man sich nicht,
wie Stille uns zieht
zu dem Selbst,
das in sich selbst
wie lauter Stille ist,
wie nichts,
wie nichts als Stille.

Und hat man nicht erlebt,
wie gerade dies Erfahren
uns öffnet für den Anderen?
Als gäbe es in ihm und mir
nur dies eine stille Selbst,
nur diese eine Stille selbst.

Nicht-Denken

Sitzen in der Stille
ist ein Weg,
um in eine Bewusstseinsverfassung
zu finden,
in der wir im Raum
des Unbedingten ruhen.

Wenn wir in solche Verfassung
gefunden haben,
erkennen wir,
dass wir schon immer
in diesem Raum
des Unbedingten ruhen.

Aber wie können wir
in eine solche Verfassung gelangen?
Jetzt gerade ist das Beste,
was wir tun können,
nicht darüber zu denken.

Was dann?
Das Beste, was wir tun können,
wirklich,
ist Nicht-Denken.

Nicht-Denken ist eine Tat.
Man glaubt es nicht?
Dann tut man es noch nicht.
Kaum tut man es,
das Nicht-Denken,
findet Ruhen statt
im Raum des Unbedingten.

Verdummung

Manchmal fürchte ich doch, dass ich verdumme,
wenn ich mich so dem Nicht-Denken hingebe.

Wenn ich dann näher schaue,
wenn ich vom Nicht-Denken aus schaue,
so sehe ich, wie gerade diese Furcht
nichts anderes ist als eine absonderliche Frucht
des gewohnten besinnungslosen Denkens.

Eigenartig: Mein unbefangenes Nicht-Denken
erkennt klar die Befangenheit meines Denkens.

Und was dann?
Was mache ich dann?

Schon wieder!
Schon wieder die alte Gedanken-Schiene,
die „Was – dann – Bremse", die den natürlichen Vorgang solchen Erkennens
anhalten will,

als könne es, als dürfe es nicht sein,
dass Nicht-Denken weiter führt,
über den bedrohlichen Verlust der
Denkmuster hinaus,
durch Denk-Stille hindurch,
zum schöpferischen Gedanken,
der sich aus dem noch nie Gedachten
sät auf das brache Jetzt.

Also lasse ich mich wieder ein
auf die Stille von Nicht-Denken,
lasse mich ein
auf dieses geheimnisvolle NICHT.

Einsicht

Vom gewöhnlichen Bewusstsein aus gesehen
vollzieht sich Veränderung zum Guten
aufgrund von Einsicht
in unsere wunsch- und angstgesteuerten
Ansichten und damit
in die Einseitigkeit unseres Verhaltens.

Denn identifiziert mit eigenen Wünschen
sehen wir nicht die Not der anderen.
Wer das einsieht, wird versuchen,
solche Fixierung loszulassen,
um mehr für andere da zu sein.

Auch im Sitzen in der Stille
geht es um Einsicht.
Doch beinahe umgekehrt:
Man übt,
hineinzusehen in die Stille und so in die Verbundenheit
mit allem, was ist,
und mit allen, die mit einem sind.

Identifizierung mit Eigenem
löst sich dann von selbst,
von der Hineinschau
in Verbundenheit.

Die Übung ist,
hineinzuschauen
in die Stille.

Erholung

Sitzen in der Stille ist Erholung.
Denn indem wir uns
mit der uns vertrauten Übung
so ganz der Stille anheimgeben,

lassen wir
angewöhntes Wissen von uns
los in die Stille hinein,
und so holen sich Kräfte
aus Urwissen herauf,
aus dem Ahnen,
wie wir gemeint sind,
aus dem Immer-Wissen,
wer wir wirklich sind.

Indem wir uns
so ganz der Stille anheimgeben,
lassen wir los,
wie wir geworden sind,
und so holen sich Kräfte
aus Ungewordensein herauf.

So ist das Sitzen in der Stille
ein Sich-Neu-Holen,
aus dem Stillegrund herauf.

Darum kümmern muss man sich nicht.
Es genügt,
mit der vertrauten Übung
sich der Stille
ganz anheimzugeben.

Hervor

Sitzen in der Stille ist
natürlich eine Art Rückzug,
zunächst jedenfalls.

Man zieht sich zurück aus dem,
woran man gerade hängt und klebt,
man zieht sich zurück aus sich.

Manche Menschen meinen,
sie müssten sich dabei
irgendwie kleiner machen,
als sie sind.
Und so ziehen sie den Kopf ein,
bis man, so denken sie,
bis man sie nicht mehr sieht.

Das aber ist das Ziel der Übung nicht.
Vielleicht ist es gerade heute
an der Zeit,
sich in seiner ganzen natürlichen Größe
der Stille auszusetzen.
Vielleicht ist es gerade jetzt
an der Zeit,
den Verbergungsschleier wegzuziehen
und aufrecht atmend hervorzutreten.

Nicht um zu siegen oder zu glänzen,
nur um hervor,

um selber vor-zu-kommen
in dem Gerade-Jetzt.

Lächeln

Das Sitzen in der Stille
ist eine ernste Sache.
Die Sammlung der Sinne
auf den Atem
verlangt ernsthaften Eifer,
sonst sind wir
– wer kennt das nicht –
sonst sind wir bald verloren
in Gedanken an dieses und jenes.

Ernsthaftigkeit müsste aber
unser Antlitz nicht verdunkeln
bis zum düsteren Kontrollgesicht.

Es könnte auch
ein heiteres Lächeln,
heute einmal,
der Stille entgegengehen,
ein Lächeln,
das unsere Kiefergelenke weitet,
das sich zu den Schläfen hin ausbreitet,
das sich bis in unsern Beckenraum hinuntersenkt,
ein Lächeln,
das von unserem Herzen aus

in hellem Ernst
der Stille
entgegenheitert.

Länger schlafen

Manchmal möchte ich auch
lieber länger schlafen
als in dieser Stille brüten.

Mein Kopf
sitzt auf den Schultern
wie ohne Hals.

Atem schleicht,
und es dauert so dahin.
Nun gut.

Irgendwann – wie kam das nur?
Irgendwann ist
Atem aufgewacht.
Unverdientes Hell!

Niemals möchte ich
lieber länger schlafen.

Spielen

Manchmal möchte ich,
wie ein kleines Kind,
lieber spielen gehen,
als in der Stille zu sitzen.

Dann spiele ich
das Spiel vom Sitzen in der Stille.

Ich spiele, breit aufzusitzen auf dem Boden,
weit hinunter zu ragen in die Erde.
Ich spiele, mich groß und leicht
aufzurichten in die Höhe,
wie über schwere Wolken steigend.

Ich spiele mein Spiel
vom Sitzen in der Stille
und nehme den Atemfluss wahr,
der in mir spielt.

Ich spiele,
auf diesem Atemfluss zu fahren
mit meinem Schiff.
Mein Schiff fährt und fährt,
es fährt in die Weite.

Mein Schiff fährt und fährt,
es fährt in die Stille.

Mein Schiff fährt und fährt,
es fährt zu mir.

Narrenzeit

Im Sitzen in der Stille
ist immer Narrenzeit.
Wer in der Stille sitzt,
ist ein Narr.

Wie ist ein Narr?
Verrückt und dumm?
Nein, er ist frei, narrenfrei.

Er nimmt sich die Freiheit,
seinen Vorstellungen nicht zu glauben
und so dem Augenblick zu trauen.

Er nimmt sich die Freiheit,
sich nicht zu sorgen um das,
was andere von ihm denken.

Er meint nicht,
er müsse sein,
wie er geworden ist,
noch meint er,
er müsse anders sein.

Er nimmt sich die Freiheit
zu vergessen,
was er von sich weiß,
und da zu sitzen,
als kenne er sich nicht.

Er ist frei von sich
und somit eins
mit dem, was ist.

Fastenzeit

Letzte Woche Narrenzeit.
Heute Fastenzeit.
Das Sitzen in der Stille passt auch jetzt.

Die Fastenübung ist, für eine kleine Weile
den triebhaften Regungen nicht nachzugeben.
Also nicht zu meinen: Ich muss!

Konkret bedeutet das, nicht nachzugeben,
wenn man meint, man müsse sich kratzen,
weil es juckt.
Konkret bedeutet das, nicht nachzugeben,
wenn man meint, man müsse laut jauchzen,
weil man sich freut,
oder jammern, weil man sich quält.

Konkret bedeutet das, nicht nachzugeben,
wenn man meint, man müsse
seinen großartigen Ideen folgen,
weil man sie sonst vergisst.

Konkret bedeutet das,
sich bei jedem Mussgedanken

oder Mussgefühl zu ertappen,
um dann zu entdecken,
wie wohl es tut,
dem Müssen nicht zu folgen.
Wie frei man da sitzt!
Als sei man ein Narr.
Wie wunderbar es ist,
einfach zurückzukehren
zu diesem Atemzug.

Geburtstag

Da sitze ich in der Stille
an meinem Geburtstag.

Ob in der Stille sitzen
heute etwas Besonderes ist?
Sei doch kein kleines Kind!

Aus Stille kommend
ist mir immer Geburtstag.

Ja, ich bin doch
wie ein kleines Kind.

Allerseelen

Allerseelen:
Der Tag, an dem man,
genau genommen,
aller Seelen gedenkt.

Aller Seelen
kann man gar nicht gedenken.
Es sind auch eigentlich nur
die Toten gemeint.
Auch aller Toten
kann man nicht gedenken.

Es sind auch eher diejenigen gemeint,
mit denen man persönlich verbunden war.
Kann man derer aller gedenken?

Man kann, wenn man will,
zu Beginn dieser Stillezeit
einmal bedenken,
dass unzählige Tote zu einem gehören,
dass unzählige Seelen
für einen gewirkt haben,
ob wir sie kannten oder nicht,
dass unzählige Tote
vielleicht gerade jetzt
wohlwollend wirken
in eigene Entwicklung hinein.

Man kann dann,
wenn man will,
den Raum des eigenen Stillseins
auftun,
als wolle man diese Seelen
einladen,
an der Stille heute teilzunehmen.

Man kann sich selber öffnen
der möglichen Anwesenheit dieser Seelen,
ob man nun jemandes
im Besonderen gedenkt,
oder ob man die ganze
wohlwollende
Totengemeinschaft meint.

Man kann in solcher Stille dann,
vielleicht,
antwortend fühlen:
Und ich sitze hier
für euch.

Ich will mit meinem achtenden,
dankenden Stillesein
zu euch hin wirken,
heute und morgen.

Nicht-Feiertag

Allerheiligen und Allerseelen vorbei.
Vorbei die Feier-Tage,
an denen man sich
im Sitzen in der Stille
wie von selbst
zu einem besonderen Raum hin
öffnen mochte.
Zum Raum der Heiligen
aller Welt.
Zum Raum der Verstorbenen
nah und fern.

Aber heute?
Was für einem Raum
sollte man sich heute öffnen,
an diesem unbesonderen Tag?

Leerem Raum könnte man sich öffnen,
heute, an diesem Nicht-Feiertag,
leer-leerem Raum.
Wie – das will man nicht?
Fürchtet man sich?
Könnte man darin verloren gehen?

Wenn man sich zuwendet
dem leeren Raum,
trotz der Angst, mitsamt der Furcht,
wenn man es wagt,

darauf zu verzichten,
insgeheim ein kleines Etwas
hineinzudenken,
um sich daran zu halten,

wenn man es wagt, sich ganz
dem leeren Raum zu öffnen,
dann kann es sein,
dass leerer Raum sich zeigt,
sich selber zeigt,
als der *eine* leere Raum,

als der eine Raum
aller Heiligen,
der eine Raum
aller Verstorbenen,
der eine Raum
aller Lebenden,
der eine Raum
aller Stäubchen,
der eine Fülle-Raum,
der Raum meiner selbst

Planeten

Natürlich genügt es,
im Sitzen in der Stille
einfach auf die Stille zu hören
und mit seinem Atmen mitzugehen.

Aber es könnte auch gut tun,
zu Beginn dieser Stille einmal
an die sieben Planeten zu denken,
wie sie gerade jetzt diesen Ort umkreisen,
nah oder fern.

Dann könnte man vielleicht wahrnehmen,
dass still-mildes Mondlicht
wie eine bergende Hülle
um einen fließt.

Oder man könnte den Vermittler
zwischen Himmel und Erde,
Merkur, ganz heimlich mit dem Atem
gehen und kommen sehen,
als nähme er jeden Ausatem mit in die Höhen
und bringe von dort dem Einatmenden
neuen Hauch.

Oder die Venus in ihrer Hingabe könnte man
neben sich sitzend spüren,
als tue sie ihre Hingabe gerade zu der Stelle hin,
an der wir uns selber
noch nicht lassen können.

Oder man könnte marsische Kraft
in die Haltung fahren spüren,
Aufrichtekraft,
anfeuernd: Los!
Los, geh in dein Ziel,
los, geh ins Jetzt!

Oder Jupiter könnte man
wie von weit her tönen hören,
von der großen Weite her.
Ja, tönt es: Ja du! Ja, ja!

Und wenn man sich irgendwann
in Gedanken und Gefühlen
verloren hat und meint,
dass es mit einem doch nichts wird,
dann spätestens könnte man
Saturn erblicken,
so ganz direkt von Angesicht zu Angesicht.
Bleib, sagt er nur.
Bleib da! Bleib dran! Bleib jetzt!

Ach – und die Sonne,
hat man sie vergessen?
Hier sitzt sie,
atmet ein und aus
und nimmt gerade auf,
wie die anderen Planeten
sie umkreisen.
Die Sonne
atmet ein und aus,
die Sonne atmet sich.

Morgendämmerung

In der Morgendämmerung zu sitzen
ist etwas Herrliches.
Und schon hängt man
an dem Herrlichen.
Wäre es denn besser,
in der Abenddämmerung zu sitzen?
Auch das ist herrlich.
Besser hängt man
an dem Herrlichen,
als nicht zu sitzen.

Vertraut

Da sitzt man wieder,
im vertrauten Raum,
an vertrautem Platz.
Da ist sie wieder,
die vertraute Beziehung zum Boden.
Und nach oben,
diese vertraute Beziehung
zum Raum über dem Kopf.
Vertraute Beziehung auch
zum Raum um sich herum.
Zu den Menschen und – oder –
zu den Dingen im Raum.
Gleichzeitig vertrautes
Alleine-Sitzen,
ganz für sich.

Vertrautes Atmen.
Vertraute Stille.
Vertraute Weite.
Vertraute Gedankenfetzen.
Vertraute Gefühle.
Vertraute Störung.
Vertrauter Schmerz.
Vertrautes Vertrautsein.
Vertrautes gerade Jetzt.

JETZT und Zeit

Manche Menschen meinen,
JETZT sei ein Stückchen Zeit,
ein kleines Stückchen
zwischen dem, was war,
und dem, was noch nicht ist.

Aber JETZT ist in der Erfahrung
nicht ein Teil von etwas.
JETZT ist in der Erfahrung
ganz
und damit so unendlich weit,
dass es alles einschließt,
Gewesenes und Zukünftiges.

Gleichzeitig ist
in der Erfahrung
JETZT nicht irgendwie verschwommen.
Es ist so konturiert

wie die Teppichfaser da vor mir.
Es ist so einmalig
wie der scharfe Frühlingsvogellaut.
Es ist so präzise
wie der feine Kontaktpunkt
zwischen den eigenen Daumen da.
Dieser kleine Berührungspunkt
ist das ganze JETZT,
so man es erfährt.

Jetzt

Wenn man das Sitzen in der Stille
schon oft geübt hat,
dann meint man leicht,
man kenne die Stille
schon und wisse,
wie diese Begegnung sein könne.
Das ist schade,
denn mit dieser Meinung
verschließt man sich
der ungeahnten neuen Möglichkeit
von gerade heute.

Es könnte
ganz anders sein heute;
wie wäre das?

Aber es könnte auch sein,
dass ich heute

einen einzigen Augenblick erlebe
als wirklich jetzt,
ob er dem Gestern gleicht oder nicht.
Wie ist das?

Keine Zeit

Sich so in die Stille setzen,
als gäbe es keine Zeit.
Als wisse man nicht,
ob es Morgen
oder Abend ist.

Als gäbe es keine Zeit.
Kein Davor,
kein Danach,
kein Jetzt,
nur dieses
Immer.

Vermisste Stille

Wenn man die Stille genießt,
soll man es sich gönnen.

Wenn man die Stille vermisst,
ja – dann weiß ich auch nicht.

Kann man Stille überhaupt vermissen?

Wenn man sie nicht wahrnimmt,
so ist es doch,
dass man mit etwas anderem
beschäftigt ist
und gar nicht bemerkt,
dass man Stille vermisst.

Aber wenn man sie vermisst,
ist sie dann nicht schon beinahe da?
Kommt sie nicht im Ersehnen
gerade schon daher?
Wie ist es jetzt?

Gewohnheit

Mit der Stille ist es
wie mit anderen Dingen auch.

Am Anfang ist die Begeisterung groß,
dann macht sie der Gewohnheit Platz.

Irgendwann kennt man sie, die Stille.
Was soll sie noch bringen?

Wirkliches Sitzen in der Stille beginnt,
wenn man über die Gewohnheit hinausgeht
und sich selber hineinbringt
von Moment zu Moment,
um neu und tiefer zu entdecken,

was ist, wie es ist,
und um in dem,
was unvollkommen ist wie gestern,
zu entdecken,
wie es gleichzeitig
das Vollkommene ist,
schon immer.

Morgenrot

Mit der Stille ist es wie mit dem Morgenrot.
Manchmal leuchtet der Osthimmel
in einem sanften, goldenen Rot.
Irgendwann, man kann den Moment nicht greifen,
weicht dies besondere Licht der Tageshelle,
in welcher sich uns die gewohnten Konturen
wieder zeigen.

Aber immer, wenn man will,
kann man sich untertags erinnern,
und dann wird es für eine kleine Weile sein,
als sehe man wieder dies besondere Licht.

Auch das Licht der Stille,
das zuweilen sanft in die Übung leuchtet,
schwindet nach und nach,
wenn man aufgestanden ist,
und weicht der gewöhnlich konturierenden
Alltagssicht.

Aber wann immer man will,
kann man sich erinnern
an Stille,
und schon sieht man die alltäglichen Dinge
und Probleme
und auch sich selbst in dem anderen Licht.

So dämmert einem,
so morgendämmert einem ganz allmählich,
wer wir wirklich sind, wir alle,
wir Lebewesen und wir Dinge.

Jetzt aber suche man nichts anderes
als die Stille in diesem Sitzen hier.

Wie mit einer Pflanze

Mit der Stille ist es wie mit einer Pflanze.
Wenn man daheim eine Pflanze stehen hat
und sie nicht gießt,
dann verdorrt sie.

Wenn man sie täglich gießt,
dann lebt sie,
aber man darf nicht erwarten,
dass sie täglich blühe.

Man sieht nicht einmal,
wenn man von Tag zu Tag schaut,
dass sie wächst.

Es muss einem genügen zu sehen,
dass sie da ist.
Und von Zeit zu Zeit wird man spüren,
dass sie einem etwas bedeutet,
dass sie eine Wirkung hat auf einen.

Wenn man Glück hat,
dann blüht sie auch manchmal auf
und trägt sichtbare Früchte.

So ist es auch mit der Stille.
Wenn man die Stille,
die in einem selbst lebt wie eine Pflanze,
nicht pflegt durch das Sitzen,
dann scheint sie zu versiegen.

Wenn man täglich übt,
dann darf man aber nicht erwarten,
dass sie täglich blühe
oder Früchte zeige.

Man sieht nicht einmal,
wenn man von Tag zu Tag schaut,
dass sie wächst.

Es muss einem genügen zu vertrauen,
dass sie mit einem ist.
Von Zeit zu Zeit wird man wissen,
dass dieses Sitzen einem etwas bedeutet,
und dass die Stille eine Wirkung hat auf einen.

Wenn man Glück hat,
dann blüht die Stille auch einmal
zu einer tiefen Erfahrung auf
und trägt sichtbare Früchte.

Aber das Eigenartige an der Stille ist,
dass sie auch bei demjenigen Früchte trägt,
der das Blühen nicht erlebt
und um die Früchte nicht weiß.
Vielleicht genießen nur die anderen davon.
Dann ist der Sinn des Sitzens umso mehr erfüllt.

Nun, wie pflegt man die Stille?
Indem man sich selber
immer wieder ausgießt in Schweigen,
so wie jetzt.

Warum nicht

Warum kann man nicht
den ganzen Tag
so in der Stille
sitzen bleiben?

Man kann
den ganzen Tag
mit der Stille
gehen.

Mittendrin

Mittendrin – Schritte

Ist es das?

Aus Stille kommend
gehe ich wieder
ein paar Schritte.

Mit mir geht
fragende
Aufmerksamkeit.

Ist es das?
fragt sie
Schritt für Schritt.

Schritt für Schritt
ist Antwort:
Schritt
für Schritt.

Dieser Schritt

Mein Jetzt
ist dieser Schritt.
Während ich
vorwärts gehe,
weiter
und weiter,
bleibt mein Jetzt
dieser eine Schritt.

Augen und Beine

Die Stille,
obschon sie
vollkommen unbewegt ist,
die Stille
hat Augen
und Beine.

Wie ist es,
wenn die Stille selbst
geht und schaut?

Berg, Gras und Kuh

Aus Stille kommend
gehe ich draußen.
Sehe Berg,

Gras
und Kuh.

Auf einmal aber
sehe ich,
wie alles Geschaute
mich
sein lässt.

Und auch meine Augen
lassen
Berg,
Gras und Kuh.

Gehen im Nebel

Was tut er eigentlich,
dieser dichte Nebel?

Nimmt er uns
den letzten Rest
von klarer Sicht?

Oder eint er
mit seinem milden Licht,
was uns
unverbindbar scheint?

Gehen im Nebel.

Goldener Herbstwind

Goldener Herbstwind
ist etwas Wunderbares.
Schade,
dass man ihn nie sieht.

Man ahnt nur,
dass er es ist,
wenn Blätter golden
durch die Lüfte fliegen,

wenn Leute auf der Straße
sich an ihrem Hut festhalten,

wenn es einem selbst
mitten ins Gesicht weht, jäh!

Der goldene Herbstwind,
braucht er dies oder den,
um sich zu bezeugen?

Der goldene Herbstwind,
braucht er unser Sehen,
um sich zu zeigen?

Er braucht unser Gehen
im goldenen Herbstwind.

Schnee

Der tiefe Schnee
lässt
kaum Wege frei.
So zwingt mich
schneetiefe Stille,
nur diesen kleinen Schritt
zu tun,
wegauf,
wegab.

Leichtes

Mitten im Gehen
kommt es mir,
ich könnte auch
meine Schritte tun,
als ob alles
ganz leicht sei.

Ich könnte
zumindest sehen,
ob nicht etwas Leichtes
mit mir geht!

Mittendrin – Innehalten

Das Eigentliche

Wenn jemand wirklich übt,
so sucht und hofft er,
wo auch immer
er steht und geht,
dass er das Eigentliche
antreffe und erkenne.

Wer zeigt es uns,
das Eigentliche?
Das Gemüse,
der Treppenabsatz,
das Fenster.

Wie kann man es sehen?
Man kann es nicht sehen.
Aber das Eigentliche in uns sieht und sieht.

Nicht verpassen

Wenn man Vertrauen hat,
kann man Es nicht verpassen.
Überhaupt kann man Es
niemals verpassen.

Nur,
wenn man Vertrauen hat,
dann
weiß man das.

Verantwortlich

Was mir geschieht
gerade jetzt,
das habe ich
nicht in der Hand.

Und doch
trage ich selbst
die ganze Verantwortung
für das,
was mir geschieht.

Ich bin
verantwortlich
für gerade jetzt.

Wie soll ich?
Ich weiß nicht.
Ich bin's.

Schlimm

Mittendrin,
so ganz überraschend,
kommt es mir
in den Sinn:

so schlimm,
wie ich gerade bin,
so wäre ich nie!

Schon wieder

Schon wieder dieses:
noch nicht!

Mittendrin,
im harmlosen Innehalten,
im Schweigen für einen Augenblick:

Dunkles „Noch-Nicht!“
„Noch immer nicht!“

Wirklich?
Was leuchtet da,
im Innehalten
und Bleiben
mitten im Noch-Nicht?

Hell leuchtet
der Schein
des dunklen
Noch-Nicht.

Schlimme Dinge

Manche Dinge sind einfach
zu schlimm,
um sie anzuschauen.

Wenn man es sich aber zur Übung macht,
sie dennoch anzuschauen,

wenn man einfach nicht aufhört,
sie anzuschauen,

als wollten die schlimmen Dinge
nichts anderes,
als dass man sie anschaut
bis zum Ende,

dann kann es sein,
dass sie sich in einem selbst
geheimnisvoll wenden,

und dass man dann
durch die gewendeten Dinge
selbst verwandelt wird.

Schmerz

Was soll das?
Auf einmal ein Schmerz
direkt im Herz.

Will ich es wissen?
Schon weiß ich es:
Ja, ich bedaure,
was ich dir oder dir
angetan.

Ach, ich wünschte,
es wäre
nicht so geschehen,
ich wäre es
nicht gewesen.

Es war aber.
Ich war es.

Ich wünsche –
oder sehe ich sie nahen schon?
Ich wünsche die Gelegenheit herbei,
in der ich ausrichte,
was wieder gutzumachen ist.

Restschmerz
werde ich tragen
in Würde.

Warum?

Wie oft fragt man sich:
Warum?
Warum ist das so?
Warum?
Warum muss das sein?

Nur wenn es still wird,
dann ist alles
ohn' Warum.

Das Helle wie das Dunkle
findet in der Stille heim
in das Geheimnis seiner selbst.

Und niemand fragt:
Warum ist es
jetzt gerade still?

Wunderbares Jetzt

Das Wunderbare am Jetzt ist,
dass es nichts
an ihm auszusetzen gibt,
wie auch immer es ist.

Wenn man selber
zum Jetzt wird,

dann ist kein Spalt
zwischen etwas und mir,
kein Spalt,
um etwas
auszusetzen.

Wunderbares Jetzt!

Die Tore der Wahrheit

Die Tore der Wahrheit
sind unzählbar,
heißt es in den Weisheitsschriften.

Unzählbare Chancen,
wahre Wirklichkeit
zu sehen,
zu hören,
zu erfahren?

Ich kenne nur ein Tor:
Diesen Augenblick jetzt.
Diesen Atemzug.

Ampel

Ampel rot,
Innehalten,
Stille halten.

Feinscharfe
Achtsamkeit
nach innen,
nach außen,
nach weder noch.

Feinscharfe
Stille.
Ampel grün,
Losfahren!

Was mich angeht

Kaum halte ich inne,
ahne ich,
nein,
weiß ich,
was mich gerade jetzt
wirklich angeht,
was mit mir
zu tun haben will.

So tue ich mit
und gehe es an.

Mittendrin – Tun

Steh auf!

Manchmal ging es mir
im Sitzen in der Stille
so unendlich gut,

dass ich einmal
meinen Lehrer fragte,
warum ich nicht –
zumindest in gerade jenen Tagen
während des Sesshin –
einfach sitzen bleiben könne
den ganzen Tag.

Seine Antwort war:
Lass diesen Gedanken los
und steh auf!

Lachen

Aufgestanden
vom Sitzen in der Stille
überkommt mich
Lachen um Lachen.

Nicht, dass etwas zum Lachen wäre.
Ohne jeden Grund
lacht es
und lacht
aus tiefem
Seelengrund.

Weitergehend
sieht mein Lachen,
wie jedes Ding
mir entgegenlacht.
Schirmständer, Wand und Schuh.
Nicht, dass etwas zum Lachen wäre.
Ohne jeden Grund
lacht es,
jedes Ding,
lacht
aus tiefem Wesensgrund.

Spielzeit

Arbeitszeit
ist nicht Spielzeit.
Nur für die kleinen Kinder
macht es keinen Unterschied.
Wenn sie Gemüse putzen,
spielen sie Gemüse-Putzen.
Wenn sie gärtnern,
spielen sie Gärtnern.

Sie vergessen dann ganz
sich selbst.
Sie sind dann Gemüseputzer,
sie sind dann Gärtner.
So sind sie ganz –
ganz sie selbst.
Und haben
auch noch Spaß daran,
die Kinder.

Dasein

Meist, wenn wir eine leichte Arbeit tun,
schweifen wir teilnahmslos
mit unseren Gedanken ab,
hierhin und dorthin;
sind nicht bei diesem Tun,
sind nicht da.

Nicht, dass das schlimm wäre.
Es ist nur schade,
weil man dann nichts hat von dem,
was man gerade tut.
Weil man dann
Dasein nicht erfährt.

Was könnte man haben
vom Schneeschippen
oder vom Karottenschälen?

Nun, wenn es einem nicht
zu gering und gewöhnlich ist,
sich voll und ganz
dem Schneeschippen,
dem Karottenschälen,
oder was auch immer man zu tun hat,
hinzugeben,
dann kann man erfahren,
was man empfängt von diesem Tun,
dann könnte man erleben,
wie es erfüllt,
dieses Dasein.

Achten

Wie ist es,
diese Arbeit zu tun,
ohne an besser
oder schlechter
zu denken,
an schneller
oder langsamer,
ohne an spannend
oder langweilig
zu denken?

Wie ist es,
diese Arbeit zu tun,
indem man jede Bewegung

einfach achtet,
jede Bewegung achtet,
als sei sie das ganze Leben,
als sei sie das Leben selbst?

Ganz da sein

Ganz-Da-Sein
geschieht manchmal gerade dann,
wenn man sich innerlich
ein wenig zurückzieht aus dem,
was man tut.

Sich zurückzieht
aus Überkonzentration
und Über-Wollen.

So, als geschähe das Tun
von selbst.
So, als geschähe
Ganz-Da-Sein
von selbst.

Brücke

Wie finde ich
in dem alltäglichen Tun
nur eine Brücke
zum Stille-Sein?

Eine Brücke
zwischen der Bewegung,
die ich tue,
und dem Wahrnehmen
des Unbewegten?

Ich überlasse
der Bewegung
das Wahrnehmen
des Unbewegten.

So bin ich selbst
die Brücke.

Stille sammeln

Wie kann
Sammlung auf die Stille,
während man tätig ist,
geschehen?

Die Füße sammeln
Stille im Gehen,

die Hände sammeln
Stille im Tun.

Das Auge sammelt
Stille im Sehen.

Noch stiller

Ob dieses Tun
gerade jetzt
noch stiller
werden kann?

Ich meine nicht,
dass man aufpassen sollte,
weniger Lärm zu machen.

Ich meine das feine Interesse daran,
wie Stille sich verdichten
und ausbreiten kann
in jedem täglichen Tun.

Ich meine das Interesse daran,
wie es sich auswirkt,
wenn das Tun noch stiller
und noch stiller wird,
wie es sich auswirkt auf den,
der tut.

Und wie es sich auswirkt
auf die Dinge,
denen stilles Tun geschieht.

Ob es noch stiller werden kann?

Wirklich schweigen

Wie soll man erkennen,
ob man wirklich schweigt?
Man erkennt es daran,
dass alle Dinge
einem entgegen schweigend.

Dabei

Einfach dabei sein
bei dem,
was man tut.

Sich selbst vergessen
in Dabeisein
hinein.

Bis man erwacht
in der Tat.

Verantwortung

Je mehr man zu sich kommt,
umso mehr empfindet man Verantwortung
für den Raum,
in dem man sich gerade befindet
und für die Dinge,

die einem zur Arbeit
anvertraut worden sind.

Darum genügt es,
zu sich zu kommen,
während man putzt und spült
oder im Garten jätet und harkt
oder Gedanken fasst und schreibt,
oder während man
was auch immer tut.

Immer genügt es,
in Verantwortung
ganz zu sich selbst zu kommen.

Alltag ist der Weg

Die alten Meister sagen:
„Alltag ist der Weg."
Manche Menschen
verstehen das so,
dass man auch im Alltag
seinen inneren Übungsweg
verfolgen solle.

Das sagen die alten Meister
aber nicht.
Sie sagen:
„Alltag ist der Weg."

Wie kann man dann
fürchten,
der Alltag könnte
einen vom Weg abbringen?

Alltag selbst
ist selbst der Weg.

Dieser mein Alltags-Augenblick,
er allein,
ist der Weg.

Jede Handlung

Jede Handlung,
die ich tue,
hängt zusammen
mit Millionen Bewegungen,
die bis zu ihr hin geführt haben,
und mit Millionen Bewegungen,
die aus ihr entstehen.

Aber diese Bewegung da
in diesem Augenblick
ist die einzige Handlung doch
im ganzen Universum.
Ohne ein Davor,
ohne Danach.

Mittendrin – Wieder Innehalten

Erleuchtung

Was man in der Erleuchtung erkennt,
ist,
dass nicht nur
dieser Augenblick
vollkommen ist,
sondern dass
das ganze Leben,
so wie es war,
vollkommen war.

Dass nichts gefehlt hat,
was auch immer
man vermisste.

Warum nicht
in diesem Augenblick
erkennen,
dass dem Jetzt
nichts fehlt?

Damals

Mein Jetzt ist jetzt.
Dieses hier Stehen.
Dieser Atemzug.
Dieser Gedanke an
damals.
Jetzt.

ICH

Manchmal,
wenn ich an meine Mutter denke
und sie innerlich vor mir sehe,
dann sehe ich,
wie ich ihr gleiche,
obwohl sie
so ganz anders war
als ich.

Manchmal,
wenn ich an meinen Vater denke,
geht es mir gerade so,
obwohl er,
in noch viel größerem Maß,
anders war
als ich.

Manchmal,
wenn ich meinen Bruder treffe,

sehe ich,
wie wir uns gleichen,
obwohl ich
so ganz anders bin
als er.

Manchmal,
wenn ich auf der Straße
an einem Fremden vorübergehe,
dann meine ich nicht,
dass wir uns gleichen,
und doch fühle ich,
dass ich
einem MIR
begegne.

Manchmal,
wenn ich einem Spatz zuschaue
oder einem Hund,
dann auch,
dann sehe ich auch
dieses MICH.

Wenn ich
einen Baum betrachte
oder einen Stein
oder einen Lampenschirm,
dann –,
ja, auch dann erscheint es,
unvermutet,
dieses ICH.

Immer aber,
wenn ich in die Stille schaue,
sieht die Stille SICH.

Freie Zeit

Auf einmal freie Zeit.
Eine Stunde freie Zeit.

Freie Zeit!
Wie ist Zeit frei?
Wie bin ich frei?

Ist dieses mein Dastehen frei?
Diese Bewegung,
ist sie frei?

Die Häuser dort,
sind die Häuser frei?

Und die Berge?
Und der Vogel?

Und mein Schauen,
ist mein Schauen frei?

Noch eine halbe Stunde
freie Zeit.

Dumm

Kaum wird es still
in meinem Innehalten,
kommt mir wieder,
wie dumm
ich mich eben
benommen habe.

Wie dumm
ich dagestanden habe.
Wie alle jetzt wissen –
wie dumm!

Da stehe ich still
und möchte
davonlaufen.
Wirklich?

Ich bleibe
und schaue,
schaue und schaue
ausatmend,
einatmend,
schaue und schaue.

Schon
ahne ich:
Dumm
ist dumm

und dumm ist
nicht dumm.
Alles ist heil.
Ich gehe weiter.

Ärger

Dass man sich immer wieder
ärgern muss!
Da sehe ich vor mir
ihn oder sie oder alle,
die mich gerade geärgert haben!
Diese – ach was!
Ich schaue lieber auf mich,
schaue zu,
wie ich mich ärgere.
Sehe mich vor mir:
bin ich's?
Sehe mich –
ich bin es.
Sehe auf einmal friedlich
den oder die oder alle,
von denen ich meinte,
dass sie mich geärgert haben,
sehe sie mit mir.

Hineinschauen

Innehalten,
um für einen Augenblick
hineinzuschauen
in die Natur meiner selbst.

Meine Füße nehme ich wahr
in meinem Stehen und Schauen,
und es ist, als schauten die Füße
hinein
in die Natur ihrer selbst.

Mein Schauen nehme ich wahr,
und es ist,
als schaute mein Schauen
hinein
in die Natur seiner selbst.

Ich gehe weiter,
und es ist,
als ginge
das Schauen selbst.

Hässlicher Fleck

Wenn man sich Zeit nimmt,
einen Atemzug lang,
um die Weite

wahrzunehmen
um sich herum,
die Weite
bis zum Horizont,
dann kann es sein,
dass man
die selbige Weite
wiederfindet
in dem kleinen Radieschen
auf dem Teller
oder in dem Bleistift
in der Hand
oder in dem kleinen hässlichen Fleck
auf der Hose.

Impuls

Manchmal,
im Innehalten,
staune ich,
dass ein kleiner Übungsimpuls,
den ich einst
erhalten habe,
tatsächlich
etwas bewirkt.

Wenn ich dann
näher schaue,
wie das kommt,

so hat es meist damit zu tun,
dass ich diesem Impuls
tatsächlich
gefolgt bin.

Stille verpassen

Manche Menschen
haben Angst,
die Stille zu verpassen.
Damit verpassen sie
die Stille.

Wie kann man
sie nicht verpassen?
Man kann sie
nicht verpassen.

Regen und Wind

Innehaltend
schaue ich
zum Fenster hinaus.
Wie kommt es,
dass mein Atemfluss
auf einmal verschmilzt
mit dem Regengeräusch,
mit dem Schaukeln

der Äste im Wind?
Als atme der Regen.
Oder wiegt mich der Wind?

Keiner sei vergesslich!

Keiner vergesse,
zu sich zu kommen,
wenn eine Blume blüht,
wenn eine Türe schlägt,
wenn der Wind pfeift,
wenn ein Jetzt ist.

An der Schwelle zur Nacht

Zu-sich-Kommen

Am Ende des Tages:
Zeit, in der Stille zu sitzen.
Zeit, zu sich zu kommen.
Zeit, bei sich zu sein.
Zeit, bei sich zu bleiben.
Zeit, neu damit zu beginnen,
gleichgültig, wie lange man schon übt.

Wie macht man das:
zu sich kommen?

Man schaut hin
zu demjenigen,
zu dem man kommen will,
zu sich.

Zu sich hin schauen,
wie man da sitzt
und atmet
und schweigt.

Schon ist man bei sich.
Mehr braucht es nicht.

Einfach

Sitzen in der Stille meint:
einfach da sitzen in der Stille
und atmend
sich sein lassen.

Das Schwierige
an diesem Sitzen in der Stille ist,
dass es so einfach ist.

So einfach, dass man immer meint,
es könne so einfach doch nicht sein,
es brauche mehr.

Und dass man daher nicht
bei dem Einfachen bleibt,
sodass dieses Einfache
sich kaum vertiefen kann.

Was meint sich vertiefen?
Es meint, sich von diesem Einfachen
einfach füllen lassen.

Sich füllen lassen
von dem Einfach-Da-Sitzen,
bis es einen ausfüllt,
bis es einen
ganz und gar
erfüllt.

Erd-Dank

Sich wahrnehmen lassen,
wie man da sitzt auf diesem Boden,
in der Beziehung zu dieser Erde.
Wie man sich da lassen kann,
loslassen kann
zu dieser Erde hin.

Dass sie mich trägt,
diese Erde,
und hält!
Dass sie mich empfangen hat!
Dass sie mich atmen lässt,
wachsen lässt,
sterben lässt,
sein lässt!
Mich lässt!

Mein Atmen feiert Erde
voller Dank.

Abendfrage

Allabendlich frage ich mich:
Habe ich heute gelebt?
Lebe ich wirklich,
lebe ich jetzt?

Wie will ich es wissen?
Wenn ich so frage,
dann weiß ich gerade nicht,
was das sein könnte,
das Wirklich-Leben.

Und wenn ich
nur so da stehe
oder sitze oder liege?
Wäre das wirkliches Leben?
Einfach so da stehen?
Da sitzen?
Liegen?
Einfach?

Noch nicht

Jeden Abend fühle ich es ganz genau:
Noch nicht!

Ich habe noch nicht so gelebt,
wie mein eigenes Erfahren
mich ständig lehrt.

Die alte Gewohnheit,
die Jahrhunderte alte Gewohnheit,
die Dinge zu sehen,
als existierten sie für sich,

die Gewohnheit,
mich selbst zu nehmen,
als gäbe es ein Ich,

diese alt-alte Gewohnheit,
die alle Erfahrung von Einssein
leugnen will,
nein – ich verfluche sie nicht!

Diese Gewohnheit,
verhilft sie mir nicht,
in dem ich sie durchschaue,
das nie vergehende „Noch Nicht“
als Weise ewigen Einsseins
zu achten?

Sommerabend

Was für ein Licht da draußen,
welche Weite!
Da ist es schon ein bisschen hart,
hier drinnen
in der Stille zu sitzen.

Aber warum lässt man nicht
das ganze Licht
und die große Weite
hereinkommen,
in die eigene Stille hinein?

Oh dieses Licht,
oh diese Weite!

Jetzt ist nicht

Was wäre,
wenn wir nicht unterscheiden könnten
zwischen morgens und abends?
Und nicht vergleichen würden
dies mit jenem?

Wir würden von einem Chaos
in das Nächste taumeln.

Was aber ist,
wenn wir das Unterscheiden
und Vergleichen
nicht einen Augenblick lassen können?

Wir taumeln
Augenblick für Augenblick
an dem Jetzt vorbei.
Denn in der Erfahrung von Jetzt
ist kein Vergleich.

Jetzt ist nicht weit und nicht eng.
Jetzt ist nicht innen und nicht außen.
Jetzt ist nicht einmal still.
Jetzt ist nicht einmal jetzt.
Jetzt ist nicht und ist nicht nicht.

Ist es nicht wunderbar?
Jetzt!

Wie soll es still werden?

Manchmal,
gerade wenn es am Abend
in einem still werden will,
fühlt man so recht,
was alles mit einem nicht stimmt,
noch immer nicht stimmt.

Bevor man sich versieht,
urteilt man
und hängt daran,
dass man nicht besser getan hat
und nicht besser ist,
und dass dieses und jenes
noch nicht in Ordnung
gebracht worden ist.

Wie soll es still werden,
solange nicht alles in Ordnung ist?
Vielleicht kann man innerlich
ein paar Stufen hinunter steigen,
vom Thron des Anspruchs hinuntersteigen,
um sich, so wie man ist,
und mit dem, was nicht stimmt,
um sich gerade so der Abendstille zu lassen.

Vielleicht findet man dann,
dass die Stille einen,
so wie man ist, umfängt,
als würde sie zusammenbringen,
was im ständigen Auseinanderteilen
und in zwanghaftem Urteilen
zerbricht.

Kein guter Tag

Heute war kein guter Tag.
Ein schlimmer Tag war das,
ein schlimmer Tag.

Woher nimmt man eigentlich
– ich spreche nicht von
schweren Schicksalsschlägen –
woher nimmt man eigentlich
das Kriterium
zum Urteil über heute?

Nun, sollte man besser
sich selber beheucheln mit dem:
so schlimm war es doch nicht!?

Vielleicht könnte man auch,
heute einmal,
die ganze Wirkung des Tages
einfach zu sich nehmen,
ohne Kommentar.

Die ganze Wirkung dieses Tages
zu sich herannehmen,
in sich hereinnehmen,
als gehörte dieses Heute
einfach und wirklich
zu einem selbst,
wirklich ganz und so
zu einem selbst.

Heute war,
was war.

Guter Tag

So ein guter Tag!
Noch immer kreisen
die hellen Bilder
freudig
durch den erregten Geist.

Was soll die Stille mir?
Heute – wirklich –
heute brauche ich sie nicht.

Irgendwann kehrt sie doch ein,
und fast unwillkommen
mildert sie Begeisterung,
doch allmählich fühle ich:
so ein guter Tag!
So ein Tag wie jeder Tag!

Unabhängigkeit

Manchmal schickt das Schicksal uns
unvermutet in große Not,
in der wir das Abhängigsein von anderen
so recht zu spüren bekommen.

Und doch fühlt man innerlichst,
dass man in einem Tiefsten ganz und gar
unabhängig ist.
Warum also kommt man
in solche Not?

Man vergisst, dass diese eigene
tief unabhängige Natur
gleichzeitig und jederzeitig
ganz und gar verbunden ist mit dem,
was wir als abhängig erfahren.

Das Unabhängige selbst hängt offenbar,
freiwillig, untrennbar zusammen
mit Bedingtheit.

So wie die unbedingte Stille
in unserem Erfahren
sich von Augenblick zu Augenblick
verbindet
mit diesem unserem gerade so
und so bedingten Atemzug.

Lassen

Am Abend neigt man –
vielleicht – dazu,
sich vor lauter Rückblick
auf den vergangenen Tag
aus der Jetzigkeit zu ziehen.

Auf einmal hat man sich verloren
im Nachdenken über das,
was war, wie es war,
und im Nachdenken darüber,
wie es anders hätte sein sollen,

bis man mit seinem Nachdenken
mehr und mehr zudenkt das,
was war, wie es war.

Man könnte es auch innerlich
nur vor sich hinstellen,
es pur vor sich hinstellen,
das, was war,
um es zu lassen,
wie es war,

um so sich selber
mit dem,
was war,
wieder anzuschließen
an die Jetzigkeit.

Größenwahn

Das Sitzen in der Stille
ist eine Übung
zur Heilung des Größenwahns.

Die Übung ist,
das Ich-Bild,
mit dem man sich selbst
erhöhen muss,
um an seine Kraft zu glauben,
einfach loszulassen,
Atemzug für Atemzug.

Dann kann man erfahren,
dass Urkraft in einem lebt,
unendlich großartiger
als das mächtigste Wahn-Bild,
das man sich zimmern kann.

Die Übung ist,
jedes Bild von sich
einfach loszulassen.

Heilende Urkraft
stellt sich von selber ein.

Hängen

Jetzt, wo ich nicht mehr
daran hänge,
jetzt bekomme ich
auf einmal all das,
woran ich hing.

Nur das,
woran ich jetzt hänge,
das bekomme ich
nicht.

Prägung

Wir sind geprägt.
Jeder von uns ist
auf seine unvergleichliche Weise
geprägt.

Von oben bis unten,
von außen bis innen
sind wir geprägt –
durch gute Erfahrungen,
die Mut und Vertrauen gefördert haben,
durch Enttäuschungen auch
und Überforderungen,
die Zweifel und Ängste
hervorgerufen haben,
und die uns noch immer bremsen.

Wie wären wir wohl – ungeprägt?
Wir wären nicht.

Sobald Leben sich
als Lebewesen offenbart,
ist dieses geprägt
von tausend Bedingungen,
die sein Wachsen umwirken.

Sobald Leben,
unfassbares, übergegensätzliches,
sich als Lebewesen zeigt,
gibt es sich in Fassung
und damit in Gegensätze.

Es scheut nicht die Prägung,
nicht gute noch schlimme.
Es vertraut offenbar sich selbst,
sich, dem Lebendigen.
Es glaubt offenbar,
dass letztlich
durch alle Prägung hindurch
ES selbst, das Unfassbare,
erfahren und erkannt sein wird.

Darum, so wertvoll es ist,
um eines guten Lebens willen
an Prägung zu arbeiten,
das heißt Hinderndes
in Förderndes zu wandeln,

so bleibt doch das Wichtigste,
durch Prägung
hindurchzuschauen,
bis man es sieht,
ES, das Leben selbst.

So schaue ich auf Atem,
der sich in meinem
so und so geprägten Aus und Ein
selber fasst.

So schaue ich auf Stille,
die sich in meinem
so und so geprägten Lärm
selbst erhört.

So schaue ich auf mein So
und sehe
das Ohne – So.

Täuschende Gedanken

Wenn nur nicht immer
diese täuschenden Gedanken
und Gefühle dazwischenkämen,
zwischen die Stille und mich.

Ich komme gar nicht nach
mit dem Lassen,

mit dem Loslassen
der abertausend Illusionen.

Wie wäre es denn,
heute einmal
nur einen einzigen täuschenden Gedanken
loszulassen,
nur den einen,
zu meinen,
es müsse gerade jetzt
irgendetwas
anders sein
als es ist?

Oh, diese Stille –
diese Stille
zwischen der Stille
und mir.

Tiger, Gans, Maus und Affe

Wenn ich den Regungen,
die manchmal auftauchen,
als kämen sie aus der Stille,
wenn ich ihnen Formen gäbe,

so säße da einmal ein gieriger Tiger,
und ein anderes Mal eine dumme Gans neben mir.
Oder auch eine hilflose, ängstliche Maus,

dann ein verrückter Affe,
oder was auch immer man
an menschlicher Animalität
auf unschuldige Tiere projiziert.

Ich lasse das Schattentier
oder die ganze Schar
an meiner Seite sitzen.

Ich weiß, sie gehören zu mir.
Ich lade sie ein,
sich anzuschließen
an meine Stille.

Eigenartig, wie ihr Dabeisein
meine Sammlung stärkt.

Und manchmal erlebe ich,
wie sie sich verwandeln
in Mut oder in Unbefangenheit,
in Achtung und in Mitgefühl.

Angst

Manch einer wird – wer hätte das erwartet? –
gerade im milden Licht des Sitzens in der Stille
konfrontiert mit Angst.

Mit einer Angst, die sich an nichts festmachen lässt, an gar nichts.
Ja, das ist es genau.
Diese Angst, die sich festmacht an nichts,
an einem Nichts.
Ist es ein Nichts, das so bedrohlich
in die Stille klingt?
Wo man doch nach dem Eigentlichen sucht.

Das Eigentliche aber ist
für unser gewöhnliches Bewusstsein
tatsächlich wie nichts.
Denn das Eigentliche lässt sich
mit nichts identifizieren,
nicht mit dem Schönen oder Klaren oder Hellen,
nein, mit gar nichts.
So ist es mit dem Eigentlichen.

Sodass, wenn wir samt unserer Angst,
und vertrauend doch,
diesem Klang des Nichts
entgegenschweigen,
dieses sich erweist
als das nicht zu Greifende,
das allem Etwas
Sinn und Fülle gibt.
Allem Etwas,
so wie diesem Atemzug.

Je stiller

Je stiller es wird,
umso mehr kommt man an
in dem Nicht-Greifbaren,
an dessen Schwelle
wir oft mit Angst reagieren,
obschon es uns doch
in diese Heimat zieht.

Je stiller es wird,
umso mehr kommt man an
in dem Immersein,
das sich ausdrückt in dem,
was gerade jetzt
einatmend
entsteht –
ausatmend
vergeht.

Stille macht glücklich

Stille macht glücklich,
wird gesagt.

Soll man,
kann man üben,
glücklich zu sein?

Man kann,
wenn man da in der Stille sitzt;
man könnte Ausschau halten
in sich selbst,
ob sich da nicht jemand findet,
der glücklich ist.

Wie auch immer
man sich gerade fühlt,
man könnte nach diesem
Glücklichen schauen,
der, wie auch immer man sich fühlt,
in seinem Grunde
unstörbar glücklich ist,
immerzu.

Versöhnung

Manchmal ist es gut,
die Aufmerksamkeit auf gerade diesen
Atemaugenblick zu richten,
auf dieses Ein,
auf dieses Aus.

Manchmal ist es gut,
die Aufmerksamkeit zu richten
auf unbegrenzte Weite,
auf atmenden Horizont,
ohne auf den Unterschied
zwischen „aus“ und „ein“ zu achten.

Wie auch immer man es hält,
schließlich führt die Übung
in das Jetzt; in diesen Raum,
in dem kein Gegensatz ist
zwischen zeitloser Weite
und klarer Augenblicks-Kontur.

Schließlich führt die Übung
in das Jetzt; in diesen Raum,
in dem Hell und Dunkel
einander nicht widersprechen.

Darum versöhnt
die Erfahrung von Jetzt
mit allem, was war, wie es war,
und öffnet für alles, was sein wird,
und lässt das, was ist,
wie es jetzt gerade ist.

Da sitzt man

Da sitzt man in der Stille
und erwartet die Stille,
die ihrerseits
in einem selbst
wartet
auf einen selbst.

Spiel

In der Stille sitzen
ist manchmal wie Spiel.

Voll von Gedanken
an den vergangenen Tag
spiele ich,
still zu sitzen.

Ich spiele es ganz,
sodass ich mich unterziehe
dem, was ich spiele.

Ich nehme die Reibung wahr
zwischen dem Stille-Spiel
und der Unstille in mir.

Und indem ich weiß
um das Spiel,
wirkt es, das Spiel,
bis ich durch Reibung hindurch
mehr und mehr
teilhabe an dem,
was ich spiele.

Bis ich werde,
was ich spiele.
Bis ich Stille
werde.

Schauen

Im Sitzen in der Stille zieht man sich zurück
aus alltäglicher Beschäftigung,
aus Bewegung und Gespräch.

Man zieht sich zurück
aus Gedanken und Gefühl,
wenn möglich.

Aber manchmal, obwohl man sich anstrengt
und dann wieder loslässt,
manchmal kümmert es
die Gedanken und Gefühle nicht.
Sie bleiben einfach,
in voller Lust, wie es scheint,
sie bleiben einfach anstelle der Stille.

Was tun, anstatt selbst die Lust zu verlieren?
Ich schaue zu, wie sie kommen,
Gedankenbilder, Gefühle.
Ich sehe sie kommen,
ich sehe sie da sein.
Ich bleibe beim Schauen.

Meist ziehen sie weiter,
nach kurzer Zeit.
Und noch im Aufatmen
sind neue bereit.
Ich sehe sie kommen, ich sehe sie da sein,
ich sehe sie gehen, gehen und kommen.

Ich bleibe beim Schauen.
Irgendwann – sehe ich Schauen.

Mittendrin

Nach einer kleinen Weile,
wenn man still geworden ist,
dann ist man auf einmal
mitten drin,
mitten in der Stille.

In der Erfahrung von
Mittendrin
ist weder Anfang noch Ende.
Im Mittendrin
ist nur Sein.

Warum nicht einfach
sich mitten drin sein lassen,
ohne Anfang,
ohne Ende,
in dieser Stille,
in diesem Atmen,
in diesem Sein?
Mittendrin.

Winter

In der Mitte des Winters
sterben die Gegensätze
in ein einziges
Schneeweiß.

In der Mitte der Stille
fallen Verdienst und Schuld,
fallen Gut und Böse
zusammen
in ein einziges Licht.

Wann wird man eintreten
in diese Erfahrung?
Vielleicht heute Nacht,
vielleicht im Traum.

Wintersonnenwende

Kalte Zeit,
dunkle Zeit,
Innenzeit,
auf Wintersonnenwende hin.

Und die eigene kalte Zeit,
dunkle Zeit,
eigene Innenzeit,
lässt man sie zu?

Sodass auch sie
sich auf Wende hin begibt?
Sodass auch sie,
wie die Natur,
sich ins Helle kehre?

Wie Ausatem,
gerade jetzt,
sich in Einatem
kehrt.

Atemzug für Atemzug
kommt,
nach all dem dunklen Aus,
Einatem hell mir zu.

Atemzug für Atemzug,
Innenzeit,
Wintersonnenwende.

Ich wundere mich

Es ist etwas Eigenartiges,
wie diese Wintersonnenwende
einfach von Natur aus
immer wiederkehrt,
ob wir uns darum kümmern oder nicht,
ob wir bereit uns meinen oder nicht.

Auch ist mir immer wieder Überraschung,
wie diese Winternächte leuchten,
und wie sie wach mich halten
durch Schlaf hindurch.

Verwunderlich ist mir zudem
– bei allem Leid in aller Welt –,
wie zu dieser Zeit
so viel Wunderbares,
kleines Wunderbares
noch und noch geschieht.

Sobald ich nenne, was ich meine,
trifft es nicht.
Würde ich sagen,
ich meine,
wie jemand den Kopf
zum Fenster wendet,
so trifft es nicht.

Würde ich sagen,
ich meine,
wie es tönt,
wenn eine Tür ins Schloss fällt,
so trifft es wieder nicht.

Und doch sind es diese Dinge,
die ich meine.
Sie machen mich wundern,
und das Mich-Wundern
macht mich still.

Gerade wundere ich mich,
wie still es ist.

Aber auch das – trifft es nicht.
Ich wundere mich.

Advent

Wieder mag man sich
ankommen lassen
in diesem Raum,
an diesem eigenen Platz.

Sich atmen lassen.
Die Sinne und den Geist
einkehren lassen
in das Dunkel der Stille.

Als ob milde Nacht
einen umspiele
und einen schütze
vor den tausend Gedanken,
die sich noch eben
dem Tagesbewusstsein zeigten.
Als ob mildes Dunkel
einen umschließe
und einen sammle
in Stillesein hinein.

Als ob helle Stille
in einem warte
als Ich-Selbst.

Wohlwollen

Tut es nicht wohl,
die Beziehung zum Boden
wieder und wieder zu spüren?
Als wolle die Erde einem wohl.

Tut es nicht wohl,
den weiten Raum über sich zu empfinden?
Als wolle Himmelsraum
einem wohl.

Tut es nicht unendlich wohl,
sich von der Stille wieder
finden zu lassen?
Als wolle die Stille einem
unendlich wohl.

Im Sich-Einlassen auf Stille
weiß man sich wohl gewollt,
durch und durch,
ganz und gar.

Aus Stille kommend
mag man sich wundern,

irgendwann,
dass Wohlwollen sich offenbar
ganz von selbst
den Weg zum Anderen sucht,
durch gerade einen selbst hindurch.

So sitzt man,
ob man es weiß oder nicht,
niemals nur für sein eigenes Wohl.

Zusammen-Raum

Wenn man zusammen
in der Stille sitzt,
so übt natürlich jeder ganz für sich
in seiner Weise.

Aber doch ist da
dieser Zusammen-Raum,
der eine besondere Kraft
und Sammlung wirkt.

Kann man wahrnehmen
und zulassen,
wie das Üben der anderen
einen selbst unterstützt?

Was tun sie eigentlich dafür?
Sie tun möglichst nichts.

Sie sitzen nur da in ihrer Stille.
Das tun sie für mich.

So wie ich,
indem ich hier sitze in meiner Stille,
da bin für sie.

Eigenartig, dass wir nicht
immer und überall erkennen,
wie jedes Dasein das Dasein
von jedem
unterstützt!
Dass wir nicht immer erkennen
den Zusammen-Raum.

So lange

Wir üben so lange,
bis Üben uns dahin führt,
dass kein Unterschied ist
zwischen dem,
woraufhin wir üben,
und diesem Üben selbst.

Dann ist Üben kein Üben.
Dann ist nur hier Sitzen
und Atmen
in Freiheit und
in grenzenloser Dankbarkeit.

Dann
oder jetzt,
in diesem
Augenblick.

Hinweis zur Praxis

Zur Haltung

Eine aufrechte, wohl gespannte Haltung ist dem Sitzen in der Stille förderlich. Die aufrechte Wirbelsäule lässt den Atem frei fließen und hilft, den Geist zu sammeln.
Für alle Sitzmöglichkeiten gilt darum, dass die Knie tiefer liegen sollen als das Becken, denn wenn die Knie über den oberen Beckenrand ragen, wird der Rücken automatisch krumm, oder er verspannt sich, um die Aufrechte aufrecht zu halten.
Die Schultern sind in jedem Fall gelöst, und der Kopf strebt so nach oben, als würde der Scheitel von einem feinen Faden leicht nach oben gezogen, so dass das Kinn von selbst etwas herangezogen wird.
Wenn man auf einem Stuhl sitzt, so sollte dieser möglichst hart sein. Die Sitzfläche sollte nicht nach vorn oder hinten abfallen. Damit die Knie tiefer liegen als das Becken, wird man eventuell eine Decke oder ein Sitzkissen auf den Stuhl legen müssen. Die Füße stehen am besten in natürlichem Abstand, parallel zueinander, mit der ganzen Sohle auf dem Boden.
Wenn man auf einem Kissen oder auf einer zusammengerollten Decke am Boden sitzt, so wird man die Beine so kreuzen, dass entweder ein Fuß vor dem anderen liegt, oder dass ein Fuß auf den Unterschenkel oder Oberschenkel des anderen Beines zu liegen kommt. Wenn es leicht möglich ist, kann man die Beine so weit kreuzen, dass jeder Fuß auf dem Oberschenkel des anderen Beines ruht und die Fußsohlen nach oben zeigen (Lotussitz).

Eine andere Möglichkeit ist, sich auf die Fersen zu setzen. Dabei kann man zur Entlastung ein Kissen oder eine Decke zwischen Fersen und Gesäß legen. Oder aber man setzt sich auf ein niedriges Bänkchen und legt die Füße so zwischen den Bankwänden hindurch nach hinten, dass die Zehen zueinander zeigen, die Füße also nicht nach außen gedreht werden, was den Hüftgelenken nicht gut tun würde.
Für die Sammlung ist hilfreich, die Hände ineinander zu legen zu einer Schale (linke Hand in die rechte) und die Daumenspitzen sich berühren zu lassen, so dass zwischen Daumen und Zeigefingern ein Oval entsteht. Die Hände ruhen im Kontakt zum Leib, die Handkanten ein bis zwei Handbreit unter dem Nabel anliegend. Die Arme bilden in etwa einen Kreis, die Ellbogen sollten also nicht am Leib anliegen.
Die Augen lässt man am besten leicht geöffnet, so dass man weder eine bestimmte Stelle fixiert noch sich dem Raumlicht verschließt.

Atemstrombild

Sich ankommen lassen im Kontakt zum Boden
und in der Beziehung zum Raum über dem Kopf.
Eine gute Spannung finden zwischen einem leichten Druck zum Boden
und einem feinen Streben nach oben.

Die Aufmerksamkeit sich sammeln lassen
im Raum über dem Kopf.
Die Aufmerksamkeit wie eine fließende Bewegung
durch den ganzen Leib hindurch führen.

Also durch den Raum des Kopfes,
durch den Raum des Halses,
durch den Brustschulterraum,
durch den Raum der Taille,
durch den Bauchbeckenraum
und auch durch die Beine
bis in die Erde hinein.

Die Aufmerksamkeit wieder aufsteigen lassen
im weiten Bogen außen herum,
rechts und links vom Leib,
vielleicht auch vor und hinter dem Leib,
hinaufsteigen lassen bis wieder zum Raum über dem Kopf,
von wo sie nun wieder hinunterfließt
durch den ganzen Leib bis in den Boden.

Wenn man sich diese Bewegung einige Male vorgestellt
und sie innerlich vollzogen hat,
wird sich der Atemfluss von selbst mit ihr verbinden wollen.
Am besten ist, wenn die innen hinunterfließende Bewegung
sich dem Ausatem anschließt
und die außen aufsteigende Bewegung
den Einatem begleitet.

So dass Ausatem wie aus dem Raum über dem Kopf
durch den ganzen Leib hindurch fließt
bis in die Erde hinein,
um sich dort zum Einatem zu wandeln
und als solcher außen herum wieder aufzusteigen.

Mit der Zeit kann es sein,
dass im Ausatmen die innen hindurch laufende
Strömungsbewegung eine Gegenenergie weckt,
die gleichzeitig hinaufstreben will.
Diese fließende Gegenspannung wird,
wenn sie sich von selbst einstellt,
die aufrechte Haltung
auf natürliche Weise unterstützen.

Überhaupt könnte sich das Atembild erweitern
oder differenzieren oder verändern.
Zum Einstieg in die Stille
ist eine möglichst einfache Form aber am günstigsten.
Denn es geht dabei nur darum,
über die geführte Aufmerksamkeit
in ein inneres Teilnehmen
am Atemgeschehen zu gelangen.

Die Formulierung der Anleitung ist inspiriert von der Zusammenarbeit mit Karl Metzler, Pantomime und Leibarbeit-Lehrer, Freiburg im Breisgau.